सँभल भी न पाओगे

सूरजपाल चौहान

वाणी प्रकाशन

वाणी प्रकाशन

4695, 21-ए, दरियागंज, नयी दिल्ली 110 002

फ़ोन : +91 11 23273167 फ़ैक्स : +91 11 23275710

शाखाएँ

अशोक राजपथ, पटना 800 004, बिहार

कॉफ़ी हाउस कैम्पस, महात्मा गांधी मार्ग, इलाहाबाद 211 001, उत्तर प्रदेश

महात्मा गांधी अन्तरराष्ट्रीय हिन्दी विश्वविद्यालय, वर्धा 442 001, महाराष्ट्र

सुल्तानिया रोड, मोतिया पार्क, भोपाल 462 001, मध्य प्रदेश

www.vaniprakashan.com
marketing@vaniprakashan.in
sales@vaniprakashan.in

Sambhal Bhi Na Paoge
by Surajpal Chauhan

ISBN : 978-93-90678-29-7
Poetry Collection

प्रथम संस्करण 2021

मूल्य : ₹ 295

आर. टेक ऑफ़सेट प्रिंटर्स, शाहदरा, दिल्ली-110032

वाणी प्रकाशन का लोगो मक़बूल फ़िदा हुसेन की कूची से

देश के सभी दलित लेखकों को

सादर समर्पित

साभार

युद्धरत आम आदमी, आजकल, साहित्य अमृत, दलित दस्तक, मन्तव्य, अम्बेडकर इन इंडिया, डिप्रेस्ड एक्सप्रेस, अमर उजाला (हिन्दी दैनिक), दलित अस्मिता, बयान, सम्यक् भारत, संकल्प (हिन्दी अकादमी, हैदराबाद), समकालीन भारतीय साहित्य, वागर्थ, वर्तमान साहित्य, इन्द्रप्रस्थ भारती।

भूमिका

'सँभल भी न पाओगे' चर्चित साहित्यकार श्री सूरजपाल चौहान का पाँचवाँ काव्य संग्रह है। श्री सूरजपाल चौहान प्रधानतः कथाकार हैं और कथा साहित्य में भी इनकी उपविधा 'आत्मकथा' है। इनकी आत्मकथा 'तिरस्कृत' व 'सन्तृप्त' ने इन्हें विश्वव्यापी ख्याति दिलायी है और आत्मकथाकारों में इन्हें शीर्ष स्थान दिलाया है। सूरजपाल चौहान जी ने आत्मकथाओं के साथ-साथ कहानियाँ व लघुकथाएँ भी लिखी हैं और कई संग्रह भी प्रकाशित हुए हैं। कहानी के क्षेत्र में भी अच्छा नाम कमाया है। श्री चौहान बहुआयामी प्रतिभा के रचनाकार हैं और सम्पूर्ण साहित्यकार हैं।

कथा साहित्य के इतर काव्य सर्जन भी इनका कम नहीं है। इस संग्रह के पूर्व चार संग्रह प्रकाशित हो चुके हैं जिनमें से अनेक रचनाएँ विश्वविद्यालयों के पाठ्यक्रमों में पढ़ाई जा रही हैं। कई विश्वविद्यालयों में पीएच.डी./एम.फिल. उपाधि के लिए इन पर शोध कार्य लगातार हो रहे हैं।

प्रस्तुत काव्य संग्रह 'सँभल भी न पाओगे' में छांदस और अछांदस दोनों तरह की रचनाएँ हैं। छांदस में दोहो छन्द में काफ़ी रचनाएँ हैं। कुछ गीत भी हैं। मूल स्वर आपका असमानता के प्रति समानता का विद्रोही स्वर है और मैं तो यह कहूँगा कि हिन्दी काव्यशास्त्र में जो नौ/दस रस हैं अगर उनमें दलित काव्य का एक रस 'विद्रोही' और जोड़ दिया जाये तो काव्यशास्त्र और समृद्ध होगा।

दलित काव्य पर हिन्दी साहित्य के आलोचक सौन्दर्यविहीनता का आरोप लगाते हैं। यह ठीक है लेकिन जब यथार्थ बयाँ किया जायेगा तो उसमें सौन्दर्य को जगह मिलेगी कहाँ से। ऐसा यथार्थ आयेगा कहाँ से। दूसरा आरोप 'इतिवृत्तात्मकता' का लगाया जाता है। ये दोनों बातें पहले भी होती रही हैं।

ऐसा नहीं कि दलितों पर हिन्दी साहित्य में कुछ लिखा ही नहीं गया। नागार्जुन, निराला, दुष्यन्त, धूमिल, नवीन व दिनकर आदि ने ख़ूब लिखा है, मगर वह लेखन सहानुभूतिपरक है। इसलिए शत-प्रतिशत यदि दलित लेखन सच्चा और अच्छा है तो वह दलितों द्वारा ही लिखा गया है। ऐसा नहीं कि ग़ैर-दलितों ने नहीं लिखा लेकिन सच्चाई के लिए 'पीर पराई' से काम नहीं चलता। स्व की भोगी हुई पीर होनी चाहिए जिसका ग़ैर-दलितों में सर्वथा अभाव है। जहाँ तक इतिवृत्तात्मकता का प्रश्न है, भारतेन्दु काल में तथा इसके बाद के नवजागरण के काल में सभी कवियों ने इतिवृत्तात्मक कविताएँ ही लिखी हैं।

बड़े बाप के बेटे हैं/पैदा हुए तब से लेटे हैं।

यहाँ तक कि राष्ट्रकवि मैथिलीशरण गुप्त भी इस इतिवृत्तात्मकता से नहीं बच पाये—

गूँजते थे रानी के कान/तीर सी लगती थी वो तान
भरत से सुत पर भी सन्देह/बुलाया तक न उसे जो गेह।

ये सीधी-सादी तुकबन्दी व इतिवृत्त नहीं तो और क्या है। दलित रचनाकारों का पाठक तो सीधा-सादा है। उसे तो सीधे-सीधे सपाटबयानी के द्वारा ही समझाना पड़ेगा। इसलिए दलित रचनाकारों ने इतिवृत्तात्मकता व अभिधा का सहारा लिया। जो विषयवस्तु के सर्वथा अनुकूल है।

श्री सूरजपाल चौहान दलित और ग़ैर-दलित कविता की सीमा बताते हुए कहते हैं—

यथार्थ से ये/ऐसे बिदकते हैं/ जैसे-/दूर-दराज के गाँव में/
खूँटे से बँधा भैंसा/ ट्रक या बस को देखकर बिदक जाता है

दलितों की समस्या भेदभाव, असमानता व शोषण की है। इसके मूल में वर्ण-व्यवस्था ही है। वर्ण-व्यवस्था पर प्रहार करते हुए रचनाकार कहते हैं—

कभी भी/समाप्त नहीं होगा/इस देश से/जातिवाद एवं पाखण्डवाद/ यहाँ मनुष्य की पहचान/उसके/गुण-दोष से नहीं/ होती है जाति से

आरक्षण के नाम पर ख़ूब विरोध होता है लेकिन इस आरक्षण की कोई बात नहीं करता जो सौ फ़ीसदी सफ़ाई कर्मियों के लिए ही है। 'बहुरूपिए' कविता में श्री सूरजपाल चौहान लिखते हैं–

तुम्हारे/कानों पर/जूँ क्यों नहीं रेंगती/'सीवर' खोलते/ सफाईकर्मी की मौत पर/तुम-/क्यों नहीं करते/गटर में घुस कर/सफाई का काम

हिन्दू संस्कृति को अनुपम अनूठी बताने वालों को करारा जवाब देते हुए चौहान कहते हैं–

अपनी/सड़ी हुई/संस्कृति का/ढिंढोरा पीटने वालो/अब पोल खुल चुकी है/पड़े हैं इसमें/ऊँच-नीच/छुआछूत/और जातिवाद के कीड़े

इसे आगे बढ़ाते हुए हाल में फ़िल्म 'पद्मावत' पर स्वाभिमान के नाम पर राजपूतों द्वारा किये गये उत्पात पर भी चौहान कहते हैं–

मुग़लों को उपहार में, बहन बेटियाँ दान
राजपाट भी बच गया, और बच गयी जान

इस संग्रह की उपसंहार की रचना बेजोड़ है। कवि दलित की नियति बताते हुए कहता है–

गाँव में/छुआछात की कीच में धँसकर/और शहर में/गटर में डूबकर/मरना/ मेरी यही नियति है

निष्कर्षतः श्री सूरजपाल चौहान इस संग्रह की रचनाओं के माध्यम से अपने पाठक वर्ग को एक नयी दिशा देने व ग़ैर-दलितों को वर्ण-व्यवस्था के नाम पर दलितों के शोषण पर सोचने को मजबूर करने में सफल दिखाई देते हैं। अन्य संग्रहों की तरह यह संग्रह भी पाठकों व आलोचकों द्वारा पढ़ा और सराहा जायेगा। उनके साहित्य सर्जना में इसी तरह सतत रत रहने के लिए शुभकामना देता हूँ।

–डॉ. माणिक मृगेश
अध्यक्ष
पश्चिमांचल हिन्दी प्रचार समिति

लेखक की ओर से

जिस जाति अथवा समाज का साहित्य नहीं होता वह जाति मृत समान ही होती है। वैसे भी हमारे देश में पहले से ही दलितों का लिखा कोई साहित्य नहीं है। वर्ण-व्यवस्था के अनुसार भारत के दलितों को पढ़ने-लिखने का कोई अधिकार ही नहीं था। अतः हमारा कोई साहित्य भी नहीं था। समाज के उत्थान का कोई प्रेरणास्रोत होता है तो वह उसका अपना साहित्य ही होता है। दलित समाज का जो थोड़ा-बहुत साहित्य था वह मौखिक साहित्य था। लिखित साहित्य के अभाव में समाज कोई प्रेरणा नहीं ले सकता। अतः समाज का अपना साहित्य होना अति आवश्यक है।

दलित समाज या कहें अछूत समाज कहे जाने वाले लोगों के समाज का साहित्य कोई ग़ैर-दलित तो लिखेगा नहीं। यदि लिखेगा भी तो उसकी निष्ठा पर सवाल हमेशा बना रहेगा क्योंकि ग़ैर-दलित लेखकों ने हमेशा से दलित साहित्य और इतिहास से छल-कपट ही किया है। ग़ैर-दलित लेखकों ने हमेशा से अपने गप्पी-साहित्य और पराजित इतिहास के गीत ही गाये हैं। दलित समाज के साहित्यकारों, महापुरुषों व वीर और वीरांगनाओं के नामों को इन ग़ैर-दलित लेखकों व साहित्यकारों ने पुस्तकों के पन्नों से गायब ही नहीं किया बल्कि उनका चरित्र-चित्रण तक बिगाड़कर रख दिया है। यदि उदाहरण गिनाने लग जाऊँ तो काग़ज़ ही कम पड़ जायेगा।

देश की आज़ादी के पश्चात् दलितों के मुक्तिदाता भीमराव अम्बेडकर जी के अथक प्रयासों के बाद देश की तथाकथित निम्न जातियों को शिक्षा

प्राप्ति का अवसर प्राप्त हुआ। परिणामस्वरूप अब शिक्षित व्यक्तियों का कर्तव्य बनता है कि वे अपनी शोधपरक दृष्टि से अपने समाज के साहित्य का सृजन करें। जैसे-जैसे शोध-कार्य आगे बढ़ेगा, नयी-नयी विषय सामग्री का समावेश होगा। अतः लेखन ही साहित्य सर्जन की पहली कसौटी है। ख़ैर..., अब मैं अपने इस कविता-संग्रह 'सँभल भी न पाओगे' पर अपने आदरणीय एवं प्रिय पाठकों से कुछ बात करना चाहूँगा।

मेरे आदरणीय एवं प्रिय पाठको जैसा कि आपको ज्ञात ही है कि यह कविता-संग्रह मेरा पाँचवाँ कविता-संग्रह है। इससे पहले 'प्रयास' (वर्ष—1994), 'क्यों विश्वास करूँ' (वर्ष—2004), 'कब होगी वह भोर' (वर्ष—2007) और 'वह दिन जरूर आएगा' (वर्ष—2014) में प्रकाशित होकर आ चुके हैं।

जैसा कि मेरी शुरू से ही आदत रही है कि मैं अपने लेखन पर कुछ भी कहने को तैयार नहीं होता। मेरे पाठक ही मेरे लेखन की जाँच-परख करते रहे हैं। आप लोगों के स्नेह और आशीर्वाद से ही आज मेरी बहुत-सी कविताएँ देश के विभिन्न विश्वविद्यालयों में पढ़ाई जा रही हैं। कई कविताओं का भारतीय भाषाओं के साथ-साथ विदेशी भाषाओं में भी अनुवाद हुआ है। मेरे कुछ गीत जैसे—'यह दलितों की बस्ती है', 'भीमराव का दलित नहीं है, यह गाँधी का हरिजन है', 'मुझे भी बचाओ', 'धुनिया का गीत', 'जोगिया गीत', 'मैं दलितों का गीतकार हूँ', 'मेरा गाँव', 'अपना सम्मेलन जारी', 'याद आता है अपना गाँव', 'सूना-सूना है अब गाँव', 'आओ चलें नानी के गाँव', 'बीन की धुन को तरसे कान', 'भारत और इण्डिया', 'ओ भीम के वीर सिपाही', 'सुनो भीम जी', 'जाति उप-जाति में उलझी' पूरे देश में लोक-कलाकारों द्वारा लोक-वाद्य यन्त्रों पर ख़ूब गाये और बजाये जा रहे हैं। यह सब आपके स्नेह और आशीर्वाद के कारण ही हो सका है।

ग़ैर-दलित पत्र-पत्रिकाओं के साथ-साथ हमारे अपने दलित-समाज की पत्र-पत्रिकाओं ने भी मेरी रचनाओं को पूरे मनोयोग के साथ प्रकाशित किया है। सचमुच, मैं ग़ैर-दलित एवं दलित पत्रिकाओं व उनके सम्पादकों का आभारी हूँ। यह ख़ुशी की बात है कि अब दलित-समाज की महत्त्वपूर्ण

पत्रिकाएँ सामने आ रही हैं और दलित लेखक उनमें ख़ूब प्रकाशित भी हो रहे हैं। अब दलित लेखकों को ग़ैर-दलित पत्रिकाओं का मुँह ताकने की ज़रूरत नहीं रही। रही उनके स्तर की बात तो जब दलित पत्रिकाओं में स्तरीय रचनाएँ प्रकाशित होना शुरू हो जायेंगी तो स्तर अपने आप बन जायेगा। यह हम दलित-लेखकों की कमी है कि हम में से अधिकतर लेखक यही चाहते हैं कि हमारी रचना किसी चर्चित या नामी-गिरामी पत्रिका में ही प्रकाशित हो, लेकिन जब ऐसा नहीं हो पाता तो वह लेखक निराश और हताश होकर कलम उठाकर एक ओर रख देता है। यह दलित लेखन के विकास के लिए क़तई भी उचित नहीं है।

इसी प्रकार ग़ैर-दलित आलोचकों द्वारा जब कभी-कभी दलित लेखकों के लेखन की थोड़ी-सी प्रशंसा कर दी जाती है तो ये दलित-लेखक गुब्बारे की तरह फूल जाते हैं और उनके अन्दर हवा भर जाती है। वे भूल जाते हैं कि ऐसे ग़ैर-दलित आलोचक कभी भी अपनी कलम की नोंक घुसेड़ कर हवा निकालकर फुस्स कर सकते हैं। अभी कुछ दिन पहले हिन्दी के एक ग़ैर-दलित आलोचक ने केरल जाकर एक कार्यक्रम में कहा कि वही हिन्दी दलित-साहित्य का बड़ा और मुख्य लेखक है। वह हिन्दी दलित लेखन का 'मेन्टर' है। उसने अपनी बात को आगे बढ़ाते हुए यहाँ तक कहा कि वह हिन्दी के दलित लेखकों की रचनाओं को ठीक-ठाक करके पत्रिकाओं में प्रकाशित करवाने हेतु प्रेषित करता है। कुछ दिन बाद मुझे ज्ञात हुआ कि यह वही ग़ैर-दलित आलोचक है जो कई वर्ष पहले डॉ. धर्मवीर, ओमप्रकाश वाल्मीकि और मुझे आपस में लड़वाता रहा है। मैं समय रहते उसकी चाल को समझ गया और छिटककर उससे दूर हो गया।

इसी प्रकार 18 फ़रवरी, 2018 के दिन एक दलित लेखिका के 'पत्र-संकलन' पुस्तक लोकार्पण का कार्यक्रम दिल्ली में ही था। फ़ोन पर कार्यक्रम में मुझे भी आने को कहा गया। मैं कार्यक्रम में गया। इस कार्यक्रम में दलित लेखकों व बुद्धिजीवियों के अलावा ग़ैर-दलित लेखक भी आये हुए थे। कार्यक्रम में मुझसे भी दो शब्द कहने को कहा गया। अब मैं पुस्तक पर क्या बोलता, समय रहते पुस्तक मेरे पास पहुँची ही नहीं थी। हाँ, मुझे भीड़ का हिस्सा बनाने के लिए बुलाया ज़रूर था।

जबकि ग़ैर-दलित लेखकों/आलोचकों को कई दिन पहले पुस्तक पहुँचा दी गयी थी। उस कार्यक्रम में अब ग़ैर-दलित आलोचक द्वारा कही बातों पर ध्यान देने की ज़रूरत है। पुस्तक पर तो वह कम बोला हिन्दी के दलित-लेखन पर कही गयी उसकी टिप्पणियाँ—'ऐसा जान पड़ता है कि हिन्दी के दलित लेखन में अब ठहराव आ गया है.., यह आगे नहीं बढ़ पा रहा...।'

इस ग़ैर-दलित लेखक की बातें सुनकर मैं हैरान रह गया था। आज दलित-साहित्य कहाँ से कहाँ पहुँच गया है। अब देश तो छोड़ो विदेशों में भी इसकी ख़ूब चर्चा है। हिन्दी के दलित लेखन की एक युवा पीढ़ी पूरी तैयारी के साथ लेखन के मैदान में आ चुकी है और ये ग़ैर-दलित आलोचक कह रहे हैं कि हिन्दी के दलित लेखन में ठहराव आ गया है। ग़लती इनकी नहीं है, हम दलित लेखकों की है जो बिना सोचे-समझे इन ग़ैर-दलित आलोचकों को अपने साहित्यिक आयोजनों में बुला लेते हैं और मुखिया बनाकर मंचों पर बैठा देते है, फिर ये ग़ैर-दलित आलोचक दलित लेखन के विषय में इधर-उधर की हाँक कर चलते बनते हैं। ये ग़ैर-दलित आलोचक यह भूल गये कि हिन्दी के दलित साहित्य पर ही कार्य करके उनकी सहायक प्रोफ़ेसर के पदों पर नियुक्तियाँ हुई हैं और आज वे पूरी तरह से प्रोफ़ेसर के पदों पर कार्यरत हैं। धन्य हैं ऐसे आलोचक जो हिन्दी के दलित साहित्य के बारे में ऐसा सोचते हैं या बोलते हैं। हमारे दलित लेखकों को न जाने कब सद्बुद्धि आयेगी कि इनकी ऐसी ओछी मानसिकता को समझें और उनसे दूर रहें। खैर..,

कविता-संग्रह 'सँभल भी न पाओगे' अब आपके सम्मुख है। मुझे पूरा विश्वास है कि हमेशा की तरह आप मेरा मार्गदर्शन करते रहेंगे। इस संग्रह 'सँभल भी न पाओगे' के लिए कुछ लेखक मित्रों के प्रति आभार व्यक्त करना बहुत ज़रूरी है, क्योंकि इस संग्रह के सृजन में उनका योगदान रहा है। धन्यवाद करना चाहूँगा मेरे साहित्यिक एवं पारिवारिक मित्र श्री प्रमोद सिंह जी का जो मुझे समय-समय पर मानसिक और साहित्यिक सम्बल प्रदान करते रहे हैं।

कविता-संग्रह 'सँभल भी न पाओगे' शीर्षक उन्हीं का सुझाया हुआ है। धन्यवाद, प्रमोद सिंह जी आपका!

इसी प्रकार साहित्यिक मित्रों में प्रो. एम.पी. अहिरवार (बनारस), अमित कुमार (गोरखपुर), डॉ. पूनम तुषामड़, डॉ. गुलाब, डॉ. धीरज (जोधपुर), डॉ. सूरज बड़त्या, अशोक दास (सम्पादक–दलित दस्तक), राजेन्द्र प्रसाद बेनीवाल का भी बहुत-बहुत आभार, जिन्होंने विभिन्न साहित्यिक पत्र-पत्रिकाओं में प्रकाशित मेरी इन कविताओं को पढ़कर मेरी हिम्मत बढ़ायी है।

हाँ, मैं विशेष आभार व्यक्त करना चाहूँगा भाषाविद् एवं देश के प्रतिष्ठित साहित्यकार आदरणीय डॉ. माणिक मृगेश जी का जो इस संग्रह की भूमिका लिखने को सहमत हो गये। उनका-मेरा जुड़ाव लेखन के माध्यम से ही आज से पन्द्रह वर्ष पहले हुआ था। तब से उनके और मेरे बीच एक अनूठा सम्बन्ध बन गया है। वह अपने छोटे भाई की तरह मुझ पर अपना स्नेह प्रकट करते रहते हैं। बड़ोदरा में रहते हुए पूरे गुजरात में उन्होंने–राजभाषा पुरोधा के रूप में मान और सम्मान अर्जित किया है। डॉ. माणिक मृगेश जी को राजभाषा की सेवा के लिए और 'समाचार पत्रों की भाषा' के लिए भारत सरकार की ओर से सम्मानित किया जा चुका है। डॉ. माणिक मृगेश ने इस संग्रह के लिए मुझे कई महत्त्वपूर्ण सुझाव भी दिये। उनका मार्गदर्शन मेरे लिए विशेष महत्त्व रखता है।

साथ ही 'वाणी प्रकाशन' के आदरणीय श्री अरुण माहेश्वरी जी का भी मैं आभारी हूँ जिन्होंने मेरे इस कविता-संग्रह को प्रकाशित करके आप तक पहुँचाने में सहयोग प्रदान किया है।

एक बार आप सभी को फिर से सादर नमन!

–सूरजपाल चौहान

सी-130-ए, सेक्टर-20
नोएडा-201301 (उ.प्र.)
मोबाइल : 9711196855

अनुक्रम

बहुरुपियो!

अरे-बहुरुपियो
केवल—
झाड़ू बुहारना
नहीं है स्वच्छता अभियान
और
न केवल लच्छेदार भाषा में
बातें फेंकना
है कोई बड़ा काम।

ओ-बहुरुपियो,
देश की जनता
परेशान और हैरान है
सोचकर कि—
तुम्हारा ध्यान
क्यों नहीं जाता
'गटर'
और 'सीवर' की सफ़ाई की ओर।

तुम्हारे
कानों पर
जूँ क्यों नहीं रेंगती

'सीवर', खोलते
सफ़ाईकर्मी की मौत पर।
तुम–
क्यों नहीं करते
गटर में घुसकर
सफ़ाई का काम?

एक बार
अरे बहुरुपियो
बस्स, एक बार
गटर में
घुसकर के कीजिए यह काम,
सच कहता हूँ–
याद आ जायेंगे
तुम्हें–
अपने चारों धाम!

ज़रूर भागेगा

भागेगा,
ज़रूर भागेगा
गप्पी व पाखण्डी साहित्य
दलित-साहित्य की—
लाठी के डर से।

अब
दलित साहित्य की नयी फ़ौज
पूरी तैयारी के साथ
उतर चुकी है
साहित्य के मैदान में,
जो—
भेद रही है
अपनी—
कलम की पैनी नोंक से
हवाई-साहित्य के सीने को।

इस फ़ौज ने
साबित कर दिया है
कि—
दलित साहित्य

एक जलते हुए दीपक के समान है,
इसकी रोशनी में
राह से भटका पाठक
चल पड़ता है
अपने—
उचित गन्तव्य की ओर।

उनकी पसन्द

उन्हें–
निरीह पशुओं की बलि पसन्द है
उन्हें पसन्द है
नर-बलि भी।

उन्हें–
पसन्द हैं ढोंगी
और
अन्ध-भगत!

उन्हें–
पसन्द हैं
मन्दिरों की चौखटों पर
माथा टिकाऊ लोग
रात-दिन
जय श्रीराम का नारा लगाने वाले।

उन्हें–
पसन्द हैं
गाँधी जी के हरिजन
जो–

अन्याय का प्रतिकार न करें
जीवन-भर
उनका हुक्का भरें।

उन्हें
ज्ञानी नहीं, अज्ञानी पसन्द हैं
पसन्द हैं
उन्हें
बलात्कारी
और
व्यभिचारी!

तीन धूर्त

ब्राह्मण
बिना कुछ करे धरे
मन्दिर के चढ़ावे से
मालामाल।

राजपूत
झूठी शान में
लिए हाथों में लट्ठ
दण्ड रहा है पेल।
वैश्य के घर
दौलत की रेलमपेल।

ये तीनों धूर्त
मिलकर
बहुजन को
बना रहे हैं मूर्ख
पिलाने में लगे हैं
पाप-पुण्य का घोल।

दिखाकर—
स्वर्ग-नर्क का डर
धर्म के नाम पर
है क़दम-क़दम पर लूट
दिन-रात
बोलते हैं झूठ।

बस कोरे उपदेश (दोहे)

बामन बनने की यहाँ,
ख़ूब मची है होड़।
धीरे-धीरे कुछ दलित,
रहे भीम को छोड़।।

व्यक्तिवाद की जय का,
मचा हुआ है शोर।
भारत फिर से मुड़ रहा,
राजतन्त्र की ओर।।

नेताजी के माल का,
कभी न खुलता भेद।
बोरा भर जो नोट हैं,
सब हैं झक-सफ़ेद।।

नोच-नोच कर खा गये,
नेता पूरा देश।
जनता को देते फिरें,
बस कोरे उपदेश।।

हाथों में तेरे सदा,
बर्छी और कटार।
राम-राम रटता फिरे,
तू ढोंगी-मक्कार।।

जुमलेबाज़ो की सरकार

मचा देश में हाहाकार
जुमलेबाज़ों की सरकार।
पाप-पुण्य का भय दिखलाते
स्वर्ग-नरक का घोल पिलाते
बनकर पोंगाओं के मीत
राम नाम के गाते गीत
न रही शर्म और न लाज
डूबेगी नैया मँझदार,
जुमलेबाज़ों की सरकार।
मचा देश में हाहाकार।।
बनकर रह गया एक एजेंडा
मन्दिर बस मन्दिर का फंडा
बच्चा मरे, मरे किसान
या सीमा पर मरे जवान
चाहे हो दलित संहार,
जुमलेबाज़ों की सरकार।
मचा देश में हाहाकार।।
कहता है—'न खाऊँगा
और न मैं खाने दूँगा'
लेकिन, 'कैशलेस' करके
अपनों की झोली भरके

ख़ूब फैलाया भ्रष्टाचार,
जुमलेबाज़ों की सरकार।
मचा देश में हाहाकार।।

रोज़ नये किस्से गढ़ता
है यह ड्रामेबाज़ पक्का
फेंकूराम फेंके अति दूर
सत्ता के मद में है चूर
सेठों का यह चौकीदार,
जुमलेबाज़ों की सरकार।
मचा देश में हाहाकार।।

देश की फूट गयी तकदीर
स्वयं को कहता सन्त-फ़कीर
'दस लखटकिया' पहने सूट
नित-नित, नये-नये पहने बूट
वाह रे वाह! अरे सेवादार,
जुमलेबाज़ों की सरकार।
मचा देश में हाहाकार।।

ओ भारत के मूल निवासी
इनसे बचकर रहना तुम
वाक्-चातुर्य में इनके अब
मत फँस जाना ज्ञानी तुम
बाबा साहेब को अध्यात्म से
जोड़ रहे ढोंगी, मक्कार,
जुमलेबाज़ों की सरकार।
मचा देश में हाहाकार।।

बनी न कोई बात (दोहे)

राम नाम से ना हुआ, दलितों का कल्यान।
जय बोलेगा भीम की, तब होगा सम्मान।।

जब तक तू हिन्दू रहा, बनी न कोई बात।
मन्दिर की चौखट खड़ा, खाता घूँसा-लात।।

झूठ लिखा गप्पें लिखीं, भ्रमित किया समाज।
ऐसे कूपमण्डूक हैं, लेखन के सरताज।।

भीम नाम से भागता, पोंगाओं का राम।
छुटकारा पाखण्ड से, बनते बिगड़े काम।।

पोंगा-पण्डत रच गया, गप्पों की भरमार।
सच्चाई लिखता नहीं, रे-पाजी, मक्कार।।

मन के भीतर कपट है, प्रपंची मुस्कान।
मिसरी-सी बातें करे, पोंगा की पहचान।।

पसरा पूरे देश में, ऊँच-नीच का रोग।
मिलकर सब चिल्ला रहे, हम हैं ऊँचे लोग।।

दलितों के उत्थान में, मुग़लों का ना हाथ।
वर्षों तक खिचड़ी पकी, पोंगाओं के साथ।।

लेखन का दरिया बहा, कथा-कहानी संग।
गीत, कवित्त, दोहे रचे, छन्द भरे नवरंग।।

नारी के अपमान संग, गप्पों की भरमार।
नख-शिख वर्णन से भरा, साहित्यिक भण्डार।।

ना तो कोई नियम है, ना है दण्ड-विधान।
टाँय-टाँय सब फुस्स है, हिन्दी का अभियान।।

हैं पाँव में बेड़ियाँ, हाथों में ज़ंजीर।
गूँगी है माँ भारती, पोर-पोर में पीर।।

न तो तू कभी धीर था, और न था गम्भीर।
विचलित तू होता नहीं, देख पराई पीर।।

रात-दिन मेहनत करे, थक कर रहता चूर।
अधनंगा भूखा रहे, भारत का मज़दूर।।

मन्दिर की आड़ में

तुमने
बना दिया
संसद को मन्दिर
अब वहाँ—
देश-हित की चर्चाएँ नहीं
रची जाती हैं
तरह-तरह की साज़िशें
दलितों
और
अल्पसंख्यकों के विरुद्ध
जैसे—
सदियों से
रची जाती रही हैं मन्दिरों में।

कहीं पहलू ख़ान
कहीं जुनैद
तो कहीं हो रही हैं हत्याएँ
अख़लाकों की
गाय माता के नाम पर।
राष्ट्र के नाम पर

मचाया जा रहा है शोर,
झूठ, फ़रेब
और
जुमलेबाज़ी का है ज़ोर।

इनके लेखे
देश जाये भाड़ में,
जनता भूखी-प्यासी
या मरे बाढ़ में,
ये केवल
अराजकता फैलायेंगे
मन्दिर की आड़ में।

धरती पर भार है

जो व्यक्ति
अपनी–
क़ौम का नहीं,
वह–
न अपने माँ-बाप का
न भाई-बहन का
और
न ही परिवार का।

वह–
न समाज का
न धर्म का
और
न देश का।

वह केवल
और केवल
स्वार्थी है
धूर्त और मक्कार है,
जीवन-भर
धरती पर भार है।

क़ौम के नाम पर

तुमने
ख़ूब बटोरी सहानुभूति
क़ौम के नाम पर,
आदर-सत्कार भी पाया ख़ूब
दलितों
और ग़ैर-दलितों में।

तुमने–
जगह-जगह 'सेटिंग' करके
अपनी
गोटियाँ भी फिट कर डालीं
और
स्थापित हो गये
एक महान दलित साहित्यकार के रूप में,
तुमने
दलित-समाज के कल्याण के लिए
कुछ भी तो नहीं किया।

बहुरुपिया बनकर
जीवन-भर
लगे रहे–
साहित्यिक मठाधीशों का
हुक्का भरने में।

सच–
अपने समाज के कल्याण के लिए
तुमने
कुछ न किया।

तुमने
अपने समाज के लोगों को
बनाकर छोड़ दिया
केवल–
सफ़ाई देवता।

भुला दिया अपने पुरखों को

एक ओर
दलित सन्तों की वाणियों को लेकर
खड़ा हो गया
एक नया धर्म!

दूसरी ओर
आप–
अपने ही पुरखों के मार्ग से
विमुख होकर
फेर में पड़ गये
मठ और मन्दिरों के
अपना लिया
एक संन्यासी का मार्ग।

जबकि–
जानते हैं सभी
कि–
आप और आपके पुरखे
रहे थे–
सदा से
कबीरपन्थी।

बाबा साहेब
आख़िर–
कबीर के तरकश में
ऐसा कौन-सा तीर न था
जो–
ब्राह्मणवाद को
नेस्तनाबूद न करता हो?

बाबा साहेब!
आपके ही
पदचिन्हों पर चलकर
और
आपकी बात मानकर
बन रहे हैं दलित
आई.ए.एस/आई.पी.एस.
हाँ–
वे सभी रचा रहे हैं
धूम-धड़ाके से विवाह
बामनी संग,
मैं उन्हें–
देखकर हूँ दंग
और
परेशान भी।

सोचकर कि–
क्या होगा
दलितों की पढ़ी-लिखी
बहन-बेटियों का,

कौन रचायेगा
विवाह–
उनके साथ।

उनसे
जब करता हूँ सवाल
तो–
देकर उदाहरण आपका
बात को दबा देते हैं,
कन्धे उचकाते
और
मन्द-मन्द मुस्काते
आगे बढ़ जाते हैं।

जाति-दंश की पीर (दोहे)

दम है तो आ खींच दे, हमसे बड़ी लकीर।
दलितों की आत्मकथा, है सच्ची तस्वीर।।

अलंकार के नाम पर, गप्पों की भरमार।
पाखण्डी साहित्य की, करता जय-जयकार।।

क़दम-क़दम पर हार है, नित-नित है अपमान।
डोले पर डोले दिये, बनता फिरे महान।।

रंगभेद की नीति पर बना धीर-गम्भीर।
पाखण्डी जाने नहीं, जाति-दंश की पीर।।

पेट मरोड़ा पड़ गया, मिर्गी आई संग।
दलित साहित्य देखकर, पोंगा-पण्डत दंग।।

फिर कविता के नाम पर, खोली नयी दुकान।
चार चुटकले याद कर, पाता नित सम्मान।।

रिरियाना तू छोड़ दे, घिघियाना कर बन्द।
छुआछूत के भूत से, करना है अब द्वन्द्व।।

मुग़लों को उपहार में, बहन-बेटियाँ दान।
राजपाट भी बच गया, और बचाई जान।।

कथा-कहानी औ' कवित्त, रचते रचनाकार।
दलित साहित्य का बड़ा, विस्तृत है संसार।।

राम भरोसे जो रहा, बना रहा हनुमान।
बाबा के मार्ग चला, पाता मान-सम्मान।।

बीन की धुन को तरसे कान

न मृदंग न ढोल-नगाड़ा
न तूँबा, मंजीरा बाजा
लुप्त बाँसुरी और सितार
डफ, ढफली भी गये सिधार।

बीन की धुन को तरसे कान
कहाँ गयी अलगोझा तान
गमक-गमक ढोलक की ताल
छमक-छमक पंसूरी चाल।

खो गयी वीणा की झनकार
डम-डम डमरू की हुँकार
सारंगी की 'रिंग-रांय-रिंग'
डरती तबले की 'तिक-धिन'।

शोर बना है अब संगीत
मुक्के-सा लगता है गीत
डुग्गी बिन सूना अब लोक
वाद्ययन्त्र सब गये परलोक।

वह कौन है?

(प्रसिद्ध फ़िल्म निर्देशक संजय लीला भंसाली की फ़िल्म 'पद्मावत' को देखने के बाद।)

जो—
बात-बात में
याद दिलाता है
जाति का ओछापन
सदा ही
जातिवाद का पढ़ाता है मन्तर
और
मन में रखता है
ऊँच-नीच का अन्तर
बताओ वह कौन है?

जिसके—
मन भीतर कपट है,
झूठ है
पाखण्ड के संग-संग लूट है
दिखलाकर भय
स्वर्ग-नर्क का
पिलाता है—
पाप-पुण्य का घोल
बताओ वह कौन है?

जागरण के नाम पर
रात-भर
बेसुरा मचाता शोर है
निठल्ला बैठा
मन्दिर की चौखट पर
उड़ाता मौज है
बताओ वह कौन है?

शुरू से ही की है गद्दारी
जिसने
दुश्मन से मिलकर
अपने ही राजाओं की
करवायी हत्याएँ हैं
जिस थाली में खाया
उसी में
किया छेद है
जिसकी
कथनी-करनी में
ज़मीं-आसमान का भेद है
बताओ वह कौन है?

सिक्ख गुरु के
दोनों बेटों को
मुग़ल राजा को
सुपुर्द करने वाला
स्वामी दयानन्द का हत्यारा
और
राष्ट्रपिता का ख़ूनी
बताओ वह कौन है?

जिसे—
विज्ञान और यथार्थ में
नहीं विश्वास
जो—
गप्पी-साहित्य
और
पराजित इतिहास का
हरदम—
करता गुणगान है
बताओ वह कौन है?
बताओ-बताओ
वह कौन है??

तीन चित्र

(1)

प्रसिद्ध गायिका
आशा ताई के
बेटे की–
मृत्यु पर
प्रधानमन्त्री द्वारा
संवेदनाएँ
एवं
श्रद्धांजलि!

(2)

नोएडा के गाँव
बिसाहड़ा में
अख़लाक की हत्या पर
सियासी घमासान,
सहानुभूति के साथ-साथ
राजनीतिक दलों द्वारा
मुआवज़ा-दर-मुआवज़ा!

(3)

झाँसी के पास
एक गाँव में
मन्दिर प्रवेश करने के प्रयास में
पुजारी द्वारा
दिनदहाड़े
दलित हत्या
न कोई आवाज़
और
न सहानुभूति
मीडिया भी—
साधकर रह गया चुप्पी।

शायद यह सोचकर
कि—
दलितों के साथ
तो—
ऐसा होता ही रहता है अक्सर।

दोनों ही महान हैं

(गुजराती दलित कवि नीरव पटेल की कविता 'माँ मैं बड़ा कि मेरा भाई' को पढ़ते हुए।)

नीरव भाई!
तुमने–
सच ही लिखा है
कि–
'माँ चमर कौं-कौं से
तंग आ चुकी है'।

सच में
वह–
आज भी 'बेचैन' है
बड़े की
बकबक और झकझक से।

मुयाँ
अछूतानन्द को
हीरा डोम से
बड़ा करने में लगा है
जातिवाद में
आकण्ठ डूबा और बँटा है,

बिना बता के
राग-पाखण्डी अलापने में लगा है।

(2)

कहता है–
'वह मुझसे छोटा है
फिर क्यों
वह इतिहास में आगे
और
कविता में भी,
मैं–
छोटे के सामने
कहीं ठहरता ही नहीं।'

माँ तो माँ
यह अब
अपने बाबा की भी नहीं मानता
खजूर के
पेड़ का तना है
अपनी बात पर अड़ा है
बार-बार,
माँ–
समझाने में लगी है–
'पगले कुछ समझ
बेकार की बातों में मत उलझ।
तेरा दुश्मन
पहले से ही
अवसर की ताक में है।'

(3)

कुबुद्धि
अकल पर डाल ज़ोर
सत्यानासी
बिना बात का
मत मचा शोर,
स्वामी अछूतानन्द
और हीरा डोम
दोनों ही—
महान हैं,
हिन्दी-दलित साहित्य की जान हैं।

ये बहुरुपिये

छली, प्रपंची
और
बहुरुपिये
तरह-तरह के रंग दिखाते हुए
चलते बने।

दलित साहित्य की पीठ में
घोंपते रहे छुरा
एक-एक करके
छोड़ गये
उसे अकेला।

फ़रेब किया
ख़ूब भरमाया भी
अपनों
और परायों ने
तरह-तरह के कुतर्क देकर
आज तक
उसे—
किसी ने न समझा।

सब-कुछ जानते हुए
मिला रहे हैं हाथ
विरोधियों से
कर रहे हैं विश्वासघात
अपने-अपने
स्वार्थ के लिए।

हिन्दी-डे

आ रहा है
फिर–
सरकारी बाबुओं
और
काले अंग्रेज़ों के लिए
'हिन्दी-डे'।

उस दिन
ये सभी
हिन्दी में नाचेंगे,
मुस्कुरायेंगे
और अंग्रेज़ी लहजे में
मूर्धन्य कवियों के
मुँह भर-भरकर
गीत गायेंगे।

गलाबाज़,
कलाबाज़ कवियों की होगी पौ बारह
लटके-झटके वाली कवयित्री
जानबूझकर
सैंडल चटकाती देर से आयेगी

ताकि वह—
बनी रहे
गोष्ठी का आकर्षण
संग-संग
भाँड-कवि
द्विअर्थी चुटकले सुनाकर
बटोर ले जायेंगे
मानदेय के नाम पर
पॉकेट भर पेमेंट
और उड़ायेंगे
फुल-रिफ्रेशमेंट।

तुम्हारी संस्कृति (एक)

जला डालते हो
दहेज न लाने पर
अपनी—
पत्नी को।

किसी ग़ैर-मर्द के साथ
शक होने पर
जला डालते हो
उसे—
तन्दूर में।

तुमने—
गुजरात के दंगों में
मुसलमानों के घरों को
चुन-चुनकर
जला डाला।
पति के मर जाने पर
जला डालते हो
उसे—
सती-प्रथा के नाम पर।

होलिका को भी
जला डाला था
तुम्हारे–
देवताओं ने रचकर
प्रपंच।
तुम्हें–
याद होगा
सीता की भी
अग्नि-परीक्षा ली थी
तुम्हारे–
मर्यादा पुरुषोत्तम ने।

समझ चुका हूँ
मैं अब–
तुम्हारी जलाने की आदत को
शुरू से ही
संस्कृति रही है
तुम्हारी–
जलाने की,
इसीलिए–
आज भी तुम जलाते हो
ज्ञानी रावण के पुतले को
और
उनके वंशजों के
गाँव के गाँव।

तुम्हारी संस्कृति (दो)

अपनी
सड़ी हुई
संस्कृति का ढिंढोरा पीटने वालो
अब
पोल खुल चुकी है
पड़े हैं
इसमें–
ऊँच-नीच, छुआछूत
और
जाति-भेद के कीड़े।

तुम्हारी संस्कृति में
उठ रहा है भभका,
बदबू का
फैल चुकी है सड़ांध
अन्धविश्वास की।

यह जो मुखौटा है
तुम्हारी संस्कृति का,
सचमुच–
यह टिकी है

धर्म के जंग खाये खम्भों पर
जो कभी भी
भरभरा कर ढह जायेगी
रेत की दीवार की तरह।

मेरे हिस्से का गाँव

मेरे–
हिस्से के गाँव में
मरा जानवर
और
भद्दी गाली खाते हुए
तुम्हारी–
जूठन उठाना है।

मेरे हिस्से
न खेत हैं
और न खलिहान।

मेरे–
हिस्से के गाँव में
जाति का ओछापन
और क़दम-क़दम पर
जाति-दंश की मार है।

तुम्हारी
जंग खायी
सभ्यता के खम्भों पर टिका है
यह–
मेरे हिस्से का गाँव।

यथार्थ से बिदकना

देश के साहित्यकारों ने
दलितों को
जन-गण ही नहीं माना,
इन्होंने बस,
मज़दूर और किसान को ही
प्रतिष्ठित किया है
नायक के रूप में।

इनकी कलम ने तो–
दलितों को
दीन-हीन, रिरियाते
या फिर–
घिघियाते ही प्रस्तुत किया है।

यथार्थ से ये–
ऐसे बिदकते हैं
जैसे–
दूरदराज के गाँव में
खूँटे से बँधा भैंसा
ट्रक या बस को देखकर बिदक जाता है।

इनके मतानुसार
विभिन्न अलंकारों से सजी-धजी
फूहड़ और अश्लील रचना ही
कहलाती है—
उत्तम और श्रेष्ठ!

मेरा रचना संसार

'प्रयास' किया
तभी–
लिख सका 'हैरी कब आयेगा',
समाज और अपनों से
'तिरस्कृत' हुआ
तो–
'क्यों विश्वास करूँ'
जैसी–
स्थिति उत्पन्न हो गयी।

'सन्तप्त' जीवन से
बाहर निकाला
'महान दलित क्रान्तिकारी योद्धा
मातादीन' की जीवनी ने।

मैंने–
बचपन अभावों में जिया
'बच्चे सच्चे क़िस्से' की तरह,
फिर–
'मधुर बालगीत' ने
सोच ही बदल दी मेरी।

‘कब होगी वह भोर’ की
आस जगाये
आगे बढ़ने की
सोच ही रहा था कि–
‘नया ब्राह्मण’ आकर खड़ा हो गया
मेरे पथ में
और
फिर से ‘धोखा’ खाया।

कुछ वर्षों बाद
एक नयी उम्मीद के साथ
फिर उठ खड़ा हुआ
कि–
‘वह दिन ज़रूर आयेगा,’
जब–
लोग मुझे
‘जान सके तो जान’ कर
‘समकालीन हिन्दी दलित साहित्य :
एक विचार-विमर्श’ की
गम्भीरता से लेंगे
‘ताकि सनद रहे...’
हिन्दी के दलित साहित्य की।

‘मेरे साक्षात्कार’
पथ के साथियों ने
और छात्र-छात्राओं ने
ख़ूब पसन्द किये हैं।

मेरे प्रिय
एवं
आदरणीय पाठकों ने
पहचान लिया है
'ब्रह्मराक्षस' को
जो–
पैर पसारे
हमारे बीच
आज भी पसरा पड़ा है।

मेरी शेष बातों से
अवगत करायेगा
'मेरा पत्र-साहित्य'
सचमुच–
पुस्तकें ही 'उत्तम उपहार' हैं
मानव कल्याण के लिए।

कब आयेगी तुम्हें शर्म

कितने–
प्यार से बतियाते हो
जब पड़ता है कोई कार्य
मुझसे–
तुम्हारा।

अपनी–
स्वार्थ-सिद्धि के लिए
पुकारते हो
मुझे–
भइया, चाचा
और
ताऊ कहकर।

अपनी
बहन-बेटियों के
शादी-ब्याह के अवसर पर
झूठी सहानुभूति
व दिखावटी प्यार दिखाकर
करवा लेते हो सारा काम
रोटी के चन्द
टुकड़े देकर।

तुम्हें–
कुछ हया-शर्म है,
तुम–
डूबकर चुल्लू-भर पानी में
मर क्यों नहीं जाते,
तुम्हें–
अपनी बनायी व्यवस्था पर
कब आयेगी शर्म।

सँभल भी न पाओगे

अभी से डर गये,
मैंने–
अभी तो सोते से
करवट ली है।

जिस दिन
जाग जाऊँगा
गहरी नींद से
और
मन्थन करने में लग जाऊँगा
तुम्हारी–
करतूतों का
तब–
तुम क्या करोगे?

सच कहता हूँ–
सँभल भी न पाओगे
अपने–
झूठे पोथों
और गप्पी–साहित्य को लेकर
भाग भी न पाओगे

ज़मीन पर–
औंधे मुँह गिरे पाओगे,
गिड़गिड़ाओगे
जीते-जी मर जाओगे।

कब तक छले जाते रहेंगे

हमें नहीं चाहिए
तुम्हारी—
दिखावे की सहानुभूति,
हमें चाहिए सम्मान
और
साथ-साथ इज़्ज़त की रोटी।

हमारे पुरखे
पेट तो भर ही लेते थे
मेहनत-मज़दूरी करके।

तुमने—
उन्हें ज़िन्दा रखा
केवल—
अपनी गुलामी कराने के लिए,
वे—
केवल किसी तरह
अपना—
अस्तित्व बचाये रहे।

आज भी–
तुम्हारे वर्ग-भेद में
और
भगवाधारियों के वर्ण-भेद में
कोई अन्तर नहीं है,
वे दुरदुराते और दुत्कारते हैं
और तुम–
केवल दिखावे की
प्रकट करते हो सहानुभूति।

आख़िर–
हम कब तक
छले जाते रहेंगे?

दलित होने की पीड़ा

ग़रीब ब्राह्मण
केवल–
ग़रीब ही है,
लेकिन–
समाज में
वह–
सम्मानित है
वह एक दिन
मुक्ति भी पा सकता है
ग़रीबी से।

लेकिन
एक दलित
हमेशा समाज में
अपमानित है
वह सदा
बना रहता है दलित ही।

उसे–
सहनी पड़ती है
जीवन-भर

जाति-दंश की मार
और
लड़ना पड़ता है
उम्र-भर
जातिवाद व छुआछूत के भूत से
जैसे–
एक गहरी जड़ का पेड़ लड़ता है
तेज़ आँधी से।

क्या होगा अब

वाह! क्या बात है
धर्म के मामले में
तुम भी–
उस जैसे ही निकले।

एक-दूसरे से
रत्ती-भर कम नहीं
एक ही–
थैली के चट्टे-बट्टे।

चुनाव में
जनेऊ दिखाये बिना
तुम्हारा–
काम चला नहीं
तुम्हें भी–
देश की नहीं
खाये जा रही है चिन्ता
धर्म की।

फैलाने में लगे हो
धार्मिक प्रदूषण

पाखण्डियों के साथ मिलकर,
क्या होगा अब
देश के लोकतन्त्र
और
प्रजातन्त्र का?

अवसरवादी

अवसरवादी
हमेशा–
ख़ुश रहता है
चढ़ बैठता है
मौक़ा देखकर
दूसरे की पीठ पर
चाहे–
दूसरा मरे या जिये
उसके–
आदर-सत्कार में
रहती है भीड़
पूजा का थाल लिए।

वह–
मन का काला होता है
मूर्ख है
किन्तु–
बनता है ज्ञानी
बोलता है मधुर वाणी।

हमेशा—
बना रहता है
गुट में वादी
लेकिन—
रहता है
सदा ही प्रतिवादी।

ओ भीम के वीर सिपाही

ओ भीम के वीर सिपाही
क्यों रहता है डर के
अपनी शौर्यगाथा की पुस्तक
देख कभी उलट के।
ओ भीम के वीर सिपाही
क्यों रहता है डर के।।

सोने की चिड़िया देश था
दूध के झरने बहते
शेर और बकरी एक घाट पर
संग-संग पानी पीते
मानवता का पाठ पढ़ाया
भूप से भिक्कू बन के।
ओ भीम के वीर सिपाही
क्यों रहता है डर के।।

एकलव्य, बर्बरीक धनुर्धर
बिरसा वीर महान
स्वतन्त्रता-संग्राम में तू ही
निकला सीना तान
तू वीरों में शूरवीर है
इतना ध्यान तू कर ले।
ओ भीम के वीर सिपाही
क्यों रहता है डर के।।

तेरे पूर्वज ही देश के
थे राजे-महाराजे
खुसरव था दिल्ली का राजा
रणजीत सिंह वीर निराले
इनके कारण ही तू चलता
भारत में अब तन के
ओ भीम के वीर सिपाही
क्यों रहता है डर के।।

परिश्रमी और सच्चे पुरखे
निडर और गम्भीर
खरी-खरी बातें करते हैं
साहेब सन्त कबीर
पाखण्डवाद का अब तू
शीघ्र विसर्जन कर दे।
ओ भीम के वीर सिपाही
क्यों रहता है डर के।।

बहना तेरी पन्ना है
और माँ झलकारी बाई
जयमल, फत्ता अभियन्ता थे
अपने ही दो भाई
इनकी वीर गाथाएँ पढ़ ले
अब तू सँभल-सँभल के।
ओ भीम के वीर सिपाही
क्यों रहता है डर के।।

नलवा और जीतसिंह भी हैं
अमर शहीद बलिदानी
बुधराम, नत्थू धोबी की
याद करो क़ुर्बानी

दुश्मन दुम दबाकर भागे
काँपे थर-थर डर के।
ओ भीम के वीर सिपाही
क्यों रहता है डर के।।

ओ भीम के वीर सिपाही
क्यों रहता है डर के
अपने शौर्यगाथा की पुस्तक
देख कभी उलट के।
ओ भीम के वीर सिपाही
क्यों रहता है डर के।।

निठल्लू

सुनो ब्राह्मण!
तुम–
और तुम्हारा भगवान
सदा से ही रहे हैं परजीवी।

तुम–
बिना कुछ करे-धरे
पालते-पोसते हो
अपना–
पूरा कुनबा
मन्दिर के चढ़ावे से।

मुफ़्त का माल
खा-खाकर
चढ़ गयी है चर्बी
अन्धविश्वास की
तुम्हारी आँखों पर
और
बन गये हो
संवेदनहीन/विवेकहीन।

तुम में
और तुम्हारे भगवान में
कोई अन्तर नहीं है
तुम–
दोनों के दोनों निठल्लू हो।
न वह कुछ करता है
और न तुम।

तुम्हारी भृकुटि तन गयी

जितना–
यह देश तुम्हारा है
उतना मेरा भी है,
मैं भी–
नागरिक हूँ इस देश का।

लेकिन तुमने–
धर्म व आस्था का
कुचक्र चलाकर
सब कुछ छीन लिया
मुझसे–
मेरा घर, सम्पत्ति
और
सम्मान भी।

मेरे साहित्य को झपट लिया
तुमने–
सेंध लगा दी
मेरे तीज-त्यौहारों में।

गाँव, शहर से
दूर कर
डेरा मेरा
डकार गये मेरा हिस्सा।

जब मैं–
पढ़-लिखकर
करने लगा अपने हक़, हिस्से
और
अधिकारों की बात,
तो–
तन गयी तुम्हारी भृकुटि
और देखने लगे
मुझे–
लाल-लाल आँखों से।

पहले विश्वास दिलाओ

ये लाल चुनर वाले
जब भी मिलते हैं
एक ही स्वर में
रट लगाये रहते हैं
कहते हैं–
'मित्रों और दुश्मनों की
पहचान करना सीखो
दुश्मन नहीं,
हम तुम्हारे–
मित्र हैं।'

मैं–
आज भी
रह-रहकर सोचता हूँ
ये कैसे मित्र हैं?
इन्होंने–
आज तक विश्वास का
एक घूँट पानी तक नहीं पिलाया,
अरे–
पहले सिद्ध तो करो–
कि तुम
हमसे प्रेम करते हो।

हमारे और तुम्हारे बीच
वैमनस्य क़तई नहीं है
न तुम्हारे मन में
मैल है
पोंगापन्थियों की तरह
और
न खोट
न चाल न चालाकी की रणनीति है।

विश्वास दिलाओ कि–
अब तुम
अपनी सभाओं में
हमसे–
अपने डण्डे और झण्डे नहीं उठवाओगे
नहीं बिछवाओगे दरी
अपने मंचों पर,
अपना समझोगे
और
अपना ही मानोगे।

साथ-ही-साथ
प्रदान करोगे नेतृत्व,
तभी तो–
जान सकेंगे हम
कि–
तुम हमारे हितैषी हो।

अच्छे दिन का नारा देकर

सच को झूठ
झूठ को सच
कहने के आदी हो तुम,
केवल कोरी गप्पों को ही
हरदम हाँका करते तुम।

क़दम-क़दम पर हार-हार कर
जीत बताते अपनी तुम,
बहनों का डोला सजवाकर
दान किया करते हो तुम।

लूट-लूटकर देश खा गये
भगवा, पाखण्डी हो तुम,
स्वर्ग-नर्क का भय दिखलाकर
ठग-विद्या में माहिर तुम।

छुआछूत और ऊँच-नीच का
भूत तुम्हारी झोली में,
दुनिया तुमसे नफ़रत करती
अज्ञानी, महामूरख तुम।

अच्छे दिन का नारा देकर
वोट जुटाते कपटी तुम,
जान गयी जनता अब सब कुछ
जुमलेबाज़ी करते तुम।

अपनों को जानो और पहचानो

पिछड़े समाज के
बहन और भाइयो,
क्या तुमने–
अपने पुरखे
महात्मा फुले
और
साहू जी महाराज का नाम सुना है।

ललई सिंह यादव को जानते हो,
उनकी पुस्तक–
'सच्ची रामायण' तो पढ़ी ही होगी,
अपने चर्चित पुरखे
रामस्वरूप वर्मा
व जगदेव प्रसाद के नामों से अनजान–
न होगे,
क्या कहा–
'नहीं जानते!'

क्या तुम्हें–
राजेन्द्र यादव के व्यक्तित्व
व कृतित्व का भान है,
नहीं जानते इन्हें भी।

तो फिर–
चौथीराम यादव की बातें करना
तुम्हारे सम्मुख
बेकार है।

जो–
अपने पुरखों के बलिदानों को
नहीं जानता
और न मानता
वह सदा ही
दूसरी क़ौमों के संकेतों पर
नाचता और गाता है।

अलापते-अलापते
उनके राग में राग
नष्ट हो जाता है
एद. दिन
पूर्वजों का सब करा-धरा।

कृतघ्न

मैं–
पढ़-लिखकर
बन गया हूँ
समाज के प्रति कृतघ्न,
बिना सोचे-समझे
उठाये फिरता हूँ
बड़ी शान से
दूसरों का धर्म
अपने कन्धों पर।

मैं दलित ब्राह्मण
बिना मुहूर्त निकलवाये
विवाह नहीं कर सकता,
नहीं रख सकता
अपने–
नये मकान में एक क़दम भी।

हद तो–
तब हो जाती है
जब मैं–
अपनी मर्ज़ी से

अपने बच्चों का
नामकरण तक नहीं कर सकता,
इसके लिए भी
मुझे—
जाना पड़ता है
एक अनपढ़ ब्राह्मण के पास।

मैं अब—
बन गया हूँ
डॉक्टर, इंजीनियर, वकील, लेखक
और
साहित्यकार,
आकर—
अपने स्वार्थ में
भूल गया अपने कर्तव्यों को।

आये दिन
मेरे घर में चलता है
अखण्ड-पाठ
और
नवरात्रों में बजती है ढोलक
रात-दिन
दुर्गा मैया के नाम पर।

मैं—
वर्ष-भर
कुछ ख़रीदूँ या न ख़रीदूँ
लेकिन—
'धनतेरस' वाले दिन

तय है ख़रीदना
अन्धविश्वासी होकर
एक बर्तन।

सच तो यह है कि–
मैं–
सब कुछ जानकर
बना हूँ अनजान
कृतघ्न बन
कहलाता हूँ–स्वयं महान।

यहाँ पहचान गुण-दोष से नहीं, जाति से होती है

कभी भी
समाप्त नहीं होगा
इस देश से
जातिवाद एवं पाखण्डवाद।

यहाँ मनुष्य की पहचान
उसके–
गुण-दोष से नहीं।
होती है जाति से।

यदि–
इस देश से
जातिवाद टूटता
तो–
बाबा साहेब
कब का तोड़ देते
फिर हमें–
भटकना न पड़ता
तरह-तरह के धर्मों में।

जब–
इस देश से
जातिवाद नहीं जा सकता
तो फिर–
क्यों न मज़बूत किया जाये
अपनी-अपनी
जातियों को।
पढ़-लिखकर
क्यों न जगाया जाये विवेक
ऊँच-नीच
व अन्धविश्वास से लड़ने के लिए,
मज़बूती प्रदान की जाये
अपनी-अपनी जातियों में
चमार जाति की तरह।

सुनो भीम जी

सुनो भीम जी!
अपने घर में
अब आपस में
उठापटक है।

पंचशील बस क़ैद हो गया
अब पुस्तक में
धम्म-प्रचारक लोप हो गये
शहर, गाँव, गली-बस्ती में
अब बस नेता बनने की
रह गयी ललक है।
सुनो भीम जी
अपने घर में
अब आपस में
उठापटक है।।

प्रतिज्ञाएँ बिसर गयीं
बौद्धों के घर से
भाईचारा बन न पाया
सच्चे मन से
आपस में ही वैर-भाव

और छल-कपट है।
सुनो भीम जी
अपने घर में
अब आपस में
उठापटक है।।
हत्यारों की पूजा करते
तेरे अपने
दुर्गा, काली, शेरावाली
नत्थी और रधिया के घर में
तेरी बातों को न माने
मन में मेरे
यही कसक है।
सुनो भीम जी
अपने घर में
अब आपस में
उठापटक है।।

मठ-मन्दिर में
ढोंगी बनकर जमे हुए हैं
भोग-विलासों में
सबके-सब रमे हुए हैं
मारामारी, गहमागहमी
राजनीति की बनी ठसक है।
सुनो भीम जी
अपने घर में
अब आपस में
उठापटक है।।

शोषण का नायक

वह—
पूँजीपति है
वह उद्योगपति भी है
वह—
बड़े-बड़े
और
ऊँचे-ऊँचे पदों पर
विराजमान है।

वह—
बना हुआ है
सत्ता
और
शोषण का नायक।

वह—
अपना काम पड़ने पर
करेगा—
मिसरी-सी बातें,
वह—
धर्म के नाम पर
फैलायेगा आतंकवाद

बाँटकर गुटों में
करवायेगा दंगा।

पर्दे के पीछे रहकर
करवायेगा हत्याएँ
नेता बनकर।

मैं दलितों का गीतकार हूँ

मैं दलितों का गीतकार हूँ
अपने समाज का कण्ठहार हूँ।
मैं दलितों का गीतकार हूँ।
जब वह रोता मैं रोता हूँ
वह हँसता है, मैं हँसता हूँ
सम्मानों की दरकार नहीं है
धरती पर ही सो लेता हूँ
मैं कबीर का ताना-बाना
तम्बूरा का मैं तार हूँ।
मैं दलितों का गीतकार हूँ।।

पीड़ा और चेतना मुखरित
स्वरों में मेरे बहती है
मेरे शब्दों का नाता
गाँव, गली, बस्ती-बस्ती है
दुखियों की साँसों में बसता
बाबा साहेब का मैं विचार हूँ।
मैं दलितों का गीतकार हूँ।।
शम्बूक जैसी निडर है वाणी
रैदास-सा बनकर ज्ञानी
क्रौंच-वध पर व्यथित होकर
समरसता और प्रेम-भाव के

गीतों को सिरजा करता हूँ
बुरे विचारों पर प्रहार हूँ।
मैं दलितों का गीतकार हूँ।।

मेरे गीत लय, ताल से
सबके मन को छू जाते हैं
तेज़ धार इतनी है इनकी
दुर्जन व्याकुल हो जाते हैं
धूनी तपा तीर एकलव्य
जातिवाद के आर-पार हूँ।
मैं दलितों का गीतकार हूँ।।

मैं दलितों का गीतकार हूँ
अपने समाज का कण्ठहार हूँ।
मैं दलितों का गीतकार हूँ।।

असलियत

मुझसे—
नाराज़ हो गये हैं
मेरे कई
ग़ैर-दलित मित्र!

मैंने—
सहज-भाव से
जानना चाहा था
ऋषि विश्वामित्र
और
हनुमान के पिता के नाम।

साथ-ही-साथ
पूछ लिया था
उनसे—
जगत जननी
सीता के पिता का नाम भी।

सुनकर—
मेरी बात
वे झाँकने लगे थे बगलें
तन गयी थी
उनकी भृकुटि
और
घूरना शुरू कर दिया था
मुझे—
लाल-लाल आँखों से।

अच्छा ही हुआ
कि—
उनकी असलियत
जल्दी ही
खुलकर—
सामने आ गयी,
अब मैं
ऐसे ग़ैर-दलित मित्रों से
रहता हूँ सावधान।

मेरे पापा ज़िन्दाबाद

कभी-कभी आ जाते हैं
मेरे पापा मुझको याद,
उनके रहते कभी न आयी
मुझको मेरी माँ की याद।

माँ क्या होती, कैसी होती
मुझको तो कुछ पता नहीं
होश सँभाला जब से मैंने
पापा को ही देखा पास।

जब-जब मैं बीमार हुआ तब
वह व्याकुल हो जाते थे,
काम छोड़कर सारे अपने
उनका गले लगाना याद।

उनकी गोदी में खेला था
छाया में ही बड़ा हुआ,
पढ़ा-लिखा इन्सान बनाया
मेरे पापा ज़िन्दाबाद।

पढ़ते-पढ़ते थक जाता मैं
मन्द-मन्द मुस्काते तब,
देकर थपकी सिर पर मेरे
पिता का मुझे सुलाना याद।

कभी रात में जब मैं
सपने में डर जाता था,
नींद छोड़कर के अपनी
करते मिसरी-से संवाद।

आज बदल हालात गये हैं
मैं भी कितना बदल गया,
सब कुछ बदला, दुनिया बदली
न बदली पापा की याद।

कभी-कभी आ जाते हैं
मेरे पापा मुझको याद,
उनके रहते कभी न आयी
मुझको मेरी माँ की याद।

जाति, उप-जाति में उलझी

जाति, उप-जाति में उलझी
कविता कैसे गाऊँ मैं,
बिखर गयी माला प्रतिज्ञा
अब कैसे सुलझाऊँ मैं।।

नदी उफनती हुई जिस तरह
तोड़ बाँध को बहती है,
आज वही हालात गीत के
पंचशील बिन दिखती है।
भूल गया बाबा की शिक्षा
अब राधे-राधे गाऊँ मैं।
जाति, उप-जाति में उलझी
कविता कैसे गाऊँ मैं।।

ताऊ तो हरिद्वार गया है
चाचा बद्रीनाथ गया,
भइया वैष्णो यात्रा पर है
घर पूरा ओम भूर्वः स्वाहा।
दोहा, छन्द, शब्द बिसरे हैं
मात्राओं का ज्ञान नहीं
चारों-धाम भटक-भटक कर
दर-दर ठोकर खाऊँ मैं।

जाति, उप-जाति में उलझी
कविता कैसे गाऊँ मैं।।

'सत्यनारायन-कथा' आँगन में
घर में कीर्तन है मेरे,
घरवाली 'शिव-पूजन' करती
अम्मा जाती नित डेरे।
गद्य लिखूँ या पद्य लिखूँ अब
कुछ भी समझ न पाऊँ मैं।
जाति, उप-जाति में उलझी
कविता कैसे गाऊँ मैं।।

भुला दिया अपने पुरखों को
मैं भी ब्राह्मण बन बैठा,
लम्बा तिलक लगा भाल पर
फिरता हूँ ऐंठा-ऐंठा।
भूल गया अपनी संस्कृति
गीत ग़ैर के गाऊँ मैं।
जाति, उप-जाति में उलझी
कविता कैसे गाऊँ मैं।।

खेमों में बँटकर के लेखक
ढपली अपनी बजा रहे,
इनकी ऐसी करतूतों पर
वैरी खुशियाँ मना रहे।
मुझको अपने आँख दिखाते
किस-किस को समझाऊँ मैं।
जाति, उप-जाति में उलझी
कविता कैसे गाऊँ मैं।।

दलितों के आदर्श

(प्रोफ़ेसर श्यामलाल जेदिया के साक्षात्कार को पढ़ते हुए।)

मुंशी प्रेमचन्द
प्रेरणास्रोत नहीं हैं दलितों के
और
न महात्मा गाँधी
क्योंकि—
ये दोनों ही
विश्वास रखते थे
पूरा—
ब्राह्मणों द्वारा बनायी
चतुर्वर्णीय व्यवस्था में।

जो व्यक्ति—
जाति-पाँति की जननी
वर्ण-व्यवस्था में
विश्वास रखता हो
भला—
वह दलित हितैषी
कैसे हो सकता है?

यदि कोई
दलितों का मुक्तिदाता
आदर्श
या प्रेरणास्रोत है
तो—
वह है
केवल
और केवल बाबा साहेब अम्बेडकर
व उनके द्वारा
रचित साहित्य!

मेरी नियति

मैं
चूहड़ा हूँ इस देश का,
मेरा न कोई गाँव है
और
न शहर।

मेरे लिए—
भेड़िया है गाँव
और
शैतान है शहर।

मेरी—
सारी ताक़त खप जाती है
गुज़र-बसर करने में,
मुझे तो बस मरना है
गाँव में
छुआछूत की कीच में धँसकर
और
शहर में
'गटर' में डूबकर।

मेरी यही
नियति है।

कहीं हम एक न हो जायें

हमारी
अज्ञानता के कारण
पुजवा दिये
ब्राह्मणों ने
हमसे पत्थर।

हमारी अज्ञानता के कारण
इन्होंने
हड़प लिए
हमारे तीज-त्यौहार
और
संस्कार भी।

हमारी अज्ञानता के कारण ही
ये विदेशी—
चार हज़ार वर्षों से
कर रहे हैं शासन
हमारे—
देश पर।

अब ये—
बहुरुपिये बनकर
और
झूठी सहानुभूति प्रकट करते हुए
लगा रहे हैं सेंध
हमारी संस्थाओं में
कि—
कहीं हम मूल निवासी,
दलित, पिछड़े, आदिवासी
और
अल्पसंख्यक
एक न हो जायें!

वे

पुस्तकें हमारी
आलोचक वे,
मंच हमारा
वक्ता वे।

नाटक मेरा
संवाद भी मेरे
अभिनेता वे।

देश भी मेरा
वोट भी मेरा
नेता वे।

हमें तो समझ रखा है
भीड़, बस्स भीड़
भेड़-बकरियों की भीड़
जैसे मर्ज़ी
वे—
हमें हाँकते फिरें!

यह सब—
हमें देखने-सुनने
या फिर—
भीड़ का हिस्सा बनने की
आदत जो है।

❑❑